Das Lexikon einzigartiger Tiere

PHILIP BUNTING

Für Leo. ← Fingertier-Fan
P.B.

Klimaneutrales Produkt

First published in 2021 by Happy Yak,
an imprint of The Quarto Group.

Text und Illustrationen: Philip Bunting
Konzept: Rhiannon Findlay
Designers: Philip Bunting und Sarah Chapman-Suire

Übersetzung: Eva Sixt
Lektorat: Aukje Janssen
Produktionsmanagement: Anja Bergmann
Covergestaltung: Gunta Lauck
Satz: Helene Hillebrand
ISBN: 978-3-551-25157-2

Gedruckt in China.

Inhalt

Kleptokrabbe!

Guckt schon so schreckhaft.

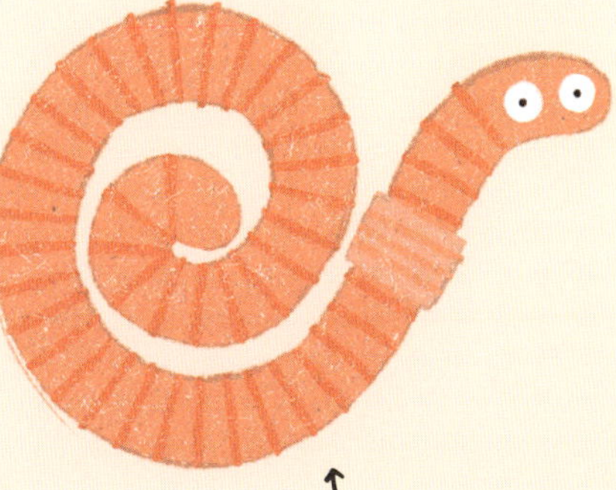
Herzloses Erdfresserchen

Super-hirn

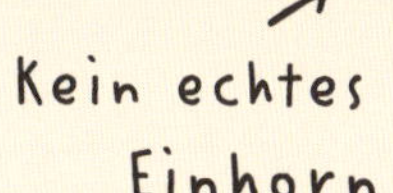
Kein echtes Einhorn

Einführung

„Für einen Menschen, der keine Bildung in Naturgeschichte erfahren hat, ist ein Spaziergang auf dem Land oder am Strand wie der Besuch einer Galerie, in der neunzig Prozent der wundervollen Kunstwerke mit der Vorderseite zur Wand aufgehängt wurden." Das sagte der englische Biologie Thomas Huxley.

In der Natur gibt es unzählige wunderbare Lebewesen ganz unterschiedlicher Art. Jedes Tier auf unserem Planeten hat sich im Lauf unzähliger Generationen perfekt an seine spezielle Umgebung angepasst.

Und auch alle Mitglieder eines Ökosystems sind fein aufeinander abgestimmt. Unsere Welt ist ein Netz des Lebens, und wir sind individuelle Ausdrucksformen derselben unergründlichen Kraft. Jedes Lebewesen ist eine lebendige Bestätigung von Darwins Evolutionstheorie und jedes Tier spielt eine einzigartige Rolle auf unserem wertvollen Planeten. Sogar die Nacktschnecken? Wer hat das jetzt gefragt? Na, egal. Komm mit und lerne ein paar der wunderbaren Tiere kennen, die ~~unsere Welt am Laufen halten.~~ total überflüssig und komisch sind. He! Soll das mit dir jetzt ständig so weitergehen?

Qualle

~~Medusozoa~~
Glibberus glubberus autschii

Schmeckt nicht. Auch nicht mit **Vanillesoße.**

Quallo Matrose!

Kein **Gehirn**

Kein **Herz**

Keine **Augen**
(Ja, ja, weiß ich doch ...)

Keine **Knochen**

Keine **Nase**

Quallen bestehen **zu 95 Prozent aus Wasser,** so ähnlich wie eine **Fertigsuppe.**

Schwimmt mit einer Art Unterwasser-Düsenantrieb! Sie zieht ihren Schirm immer wieder zusammen, sodass das Wasser nach hinten ausgestoßen wird.

Man vermutet, dass sie mit **Glasnudeln** verwandt sind.

Quallen **fressen** Fische, Krebstiere, Algen mit ihrem Mund ... und entleeren den Magen dann wieder durch **dieselbe Öffnung.** Ja, ihr **Mund** ist gleichzeitig ihr **Po.** Mmh, (nicht so) lecker!

Obwohl sie nicht unbedingt so aussehen, gehören diese glibberigen Wabbeltiere zu einer vielfältigen und sehr erfolgreichen Tiergruppe:

Sie leben in jedem Winkel der Ozeane.

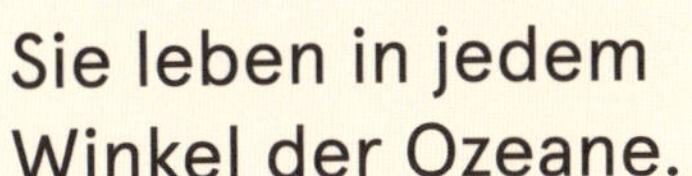

Forscherinnen und Forscher schätzen, dass es so um die 300 000 Quallenarten geben könnte, aber bisher hat man nur ungefähr 2 000 entdeckt. Es gibt sie schon mindestens 500 000 000 Jahre lang (verdammt viel länger als uns ...).

Einige Quallen sterben nie! Die Unsterbliche Qualle kann sich wieder verjüngen, wenn es eng wird. Bei Futtermangel zum Beispiel. Andere, wie die Ohrenqualle, klonen sich sogar selbst.

Für Meeresschildkröten sind Quallen wie große Schüsseln voller Wackelpudding. Lecker! Allerdings ist die „Gemeine Rosa Qualle“ eine besonders aggressive Art und wirklich nicht zum Anbeißen.

Quokka

~~Setonix brachyurus~~

Grinsus schnappii

Quokkas kommen nur in ein paar kleinen Gebieten im südwestlichen Australien vor. Sie sind wunderbar an ihre von der Sonne ausgedörrte Umgebung angepasst. Sogar auf Bäume können sie klettern, um Rinde zu fressen. Und sie halten es einen ganzen Monat lang ohne Trinkwasser aus. Diese Kurzschwanzkängurus sind Survival-Experten. Weil ihr Pflanzenfutter nicht eben nahrhaft ist, würgen sie es wieder hoch, kauen es noch mal gut durch, und dann endgültig runter damit. So holen sie möglichst viele Nährstoffe heraus.

Straßentaube

~~Columba livia domestica~~
Rattus lufticus

Diese spitzenmäßigen Vögel sind schon seit mindestens 6 500 Jahren überzeugte Städterinnen und Städter. Tauben gehören zu den wenigen Tieren, die sich selbst im Spiegel erkennen, und das ist ein Zeichen für ihre beachtliche Intelligenz. Nur ein paar Affen (auch du und ich, klar), Delfine, Elefanten und eine Hand voll eitle Papageien können das. Aber Tauben sind nicht nur clever, sondern sie gehören auch zu den schnellsten Fliegern unter den Vögeln. Manche erreichen 149 Stundenkilometer!

Tennessee-Ziege

~~Capra aegagrus hircus~~

Huch zackbumm

Ziegen sind sehr robuste und unglaublich geschickte Tiere. Sie klettern auf hohe Felsen und sogar auf Bäume und fressen fast alles, und zwar bis auf das allerletzte Blatt. Aber diese Rasse ist aus einem ganz anderen Grund berühmt. Wenn so eine Ziege erschrickt – meinetwegen weil der Hofhund mal vorlaut wird oder weil der Bauer einen Breakdance hinlegt –, fällt sie in Ohnmacht! Sie verliert aber nicht das Bewusstsein und kommt innerhalb von Sekunden wieder auf die Beine ... bis sie wieder erschrickt.

Blutegel

~~Hirudinea~~

Gier schlürfii

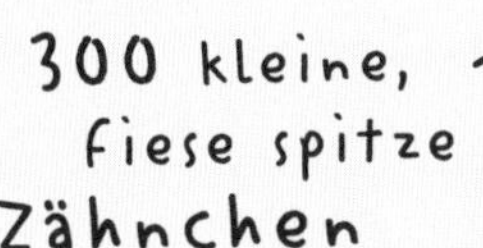

Egel sind sehr erfolgreiche kleine Sauger. Es gibt ein paar Hundert Arten, die auf allen Kontinenten außer in der Antarktis leben. Nicht alle Egel saugen Blut, aber die, die es tun, trinken von der roten Kraftbrühe bis zu fünfmal so viel, wie sie selbst wiegen. So ein Egel sieht eigentlich gar nicht aus, als sei er hochbegabt, aber er hat 32 Gehirne! Und sein Speichel enthält Stoffe, die bei Menschen Entzündungen und Schmerzen lindern können, deshalb setzen manche Ärzte sie bei der Therapie ein.

Mistkäfer

~~Scarabaeidae~~

Rollus kacka

Es gibt ein paar Hundert Mistkäferarten auf unserem vor Mist starrenden Planeten und man findet sie auf allen Kontinenten außer in der eisigen Antarktis. Alle Mistkäfer fressen gern Kacka. Diese Feinschmecker fressen den Kot anderer Tiere, sie rollen Kugeln aus ihm, vergraben ihn und leben sogar darin. Damit tragen sie dazu bei, dass die Natur gut funktioniert. Wenn nämlich ein Tier seine Mahlzeit verdaut, nimmt es nicht alle Nährstoffe aus dem Essen auf. Mistkäfer sind genau darauf spezialisiert, noch das letzte Fitzelchen Nahrung zu nutzen.

Mistkäfer sind großartig im Navigieren. So wie viele Nachtfalter sich am Mond orientieren, nutzen die Käfer die helle Milchstraße am Nachthimmel, um nachts den richtigen Weg zu finden.

Mistkäfer gehören im Verhältnis zu ihrem eigenen Gewicht zu den kräftigsten Tieren der Welt. Manche rollen eine Mistkugel, die 1 100-mal so viel wiegt wie sie selbst. Das ist, als würdest du 12 Elefanten bewegen.

* Zumindest in den Augen des Künstlers. Versuch mal, Elefantenscheiße zu malen.

↑

Mistkäfer bevorzugen den Mist von Pflanzenfressern. Er schmeckt nach **Mais** mit einem **Hauch von Muskat**, und der Nachgeschmack ist herrlich nussig.

Probier es nicht im Wohnzimmer aus.

Blobfisch

~~Psychrolutes marcidus~~ Glotz glibbericus

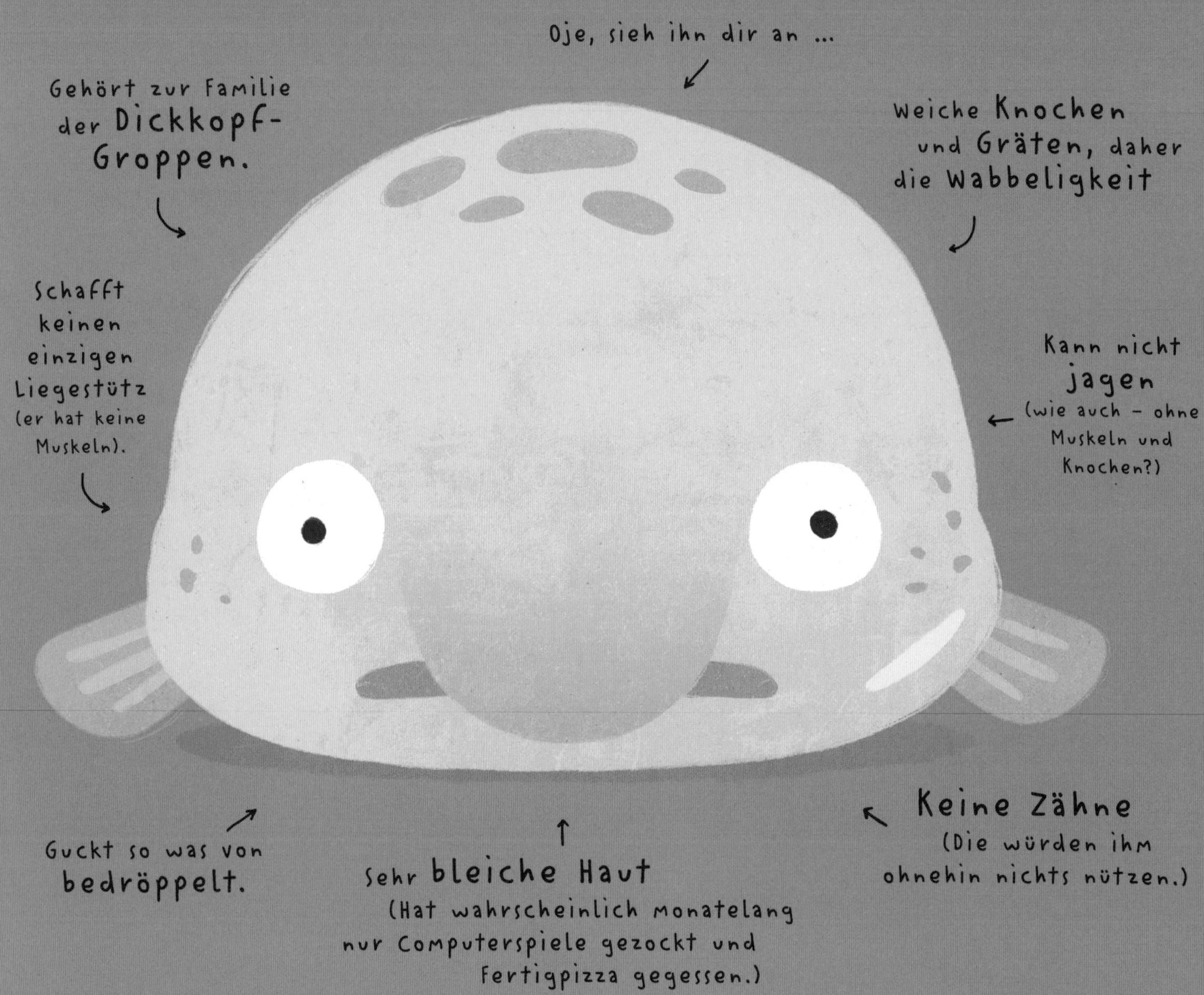

Blobfische sind jederzeit aussichtsreiche Anwärter auf den Titel „Allerhässlichstes Tier der Welt". Sie leben tief im Ozean bei Australien und Neuseeland und verbringen ihre Zeit damit, über den Meeresgrund zu schweben und Krebstierchen, Plankton und ähnliche Delikatessen aufzuschlabbern. Weil sie in großer Tiefe leben, ist vieles über sie noch unbekannt, etwa, wie lange sie leben oder wie sie sich vermehren. Bekannt ist aber, dass ihre einzigen Feinde wir Menschen sind (besonders die mit den Schleppnetzen und einem ganz schwarzen Humor).

Diese Fische leben in 600 bis 1 200 Metern Tiefe, wo der atmosphärische Druck 120-mal so hoch ist wie auf Meeresspiegelhöhe. Weil die Fische an den hohen Druck angepasst sind, sehen sie dort unten eigentlich aus wie ganz normale Fische.

Mit ihrem Schwabbelkörper sind Blobfische perfekt an ihren Lebensraum angepasst. In der Tiefsee würden die knochigen Körper von uns Landratten augenblicklich unter dem hohen Druck zerquetscht werden. Umgekehrt geht es dem Blobfisch, wenn man ihn an die Oberfläche befördert. Weiter oben kann sich sein Körper nicht an den geringen Druck anpassen und fällt in sich zusammen.

Malaienbär

Wenn der kleinste Bär der Welt auf allen vieren läuft, reicht er einem Erwachsenen gerade mal bis zur Hüfte. Der Malaienbär schläft normalerweise tagsüber und wird nachts aktiv, und das, obwohl man ihn auch „Sonnenbär" nennt. Diesen Namen hat er bekommen, weil der goldgelbe Fleck auf seiner Brust manche Leute an die aufgehende Sonne erinnert. Jeder Bär hat einen einzigartigen Brustfleck – ähnlich wie deine Fingerabdrücke unverwechselbar sind.

Darwin-Seefledermaus

~~Ogcocephalus darwini~~

Kesse Lippe

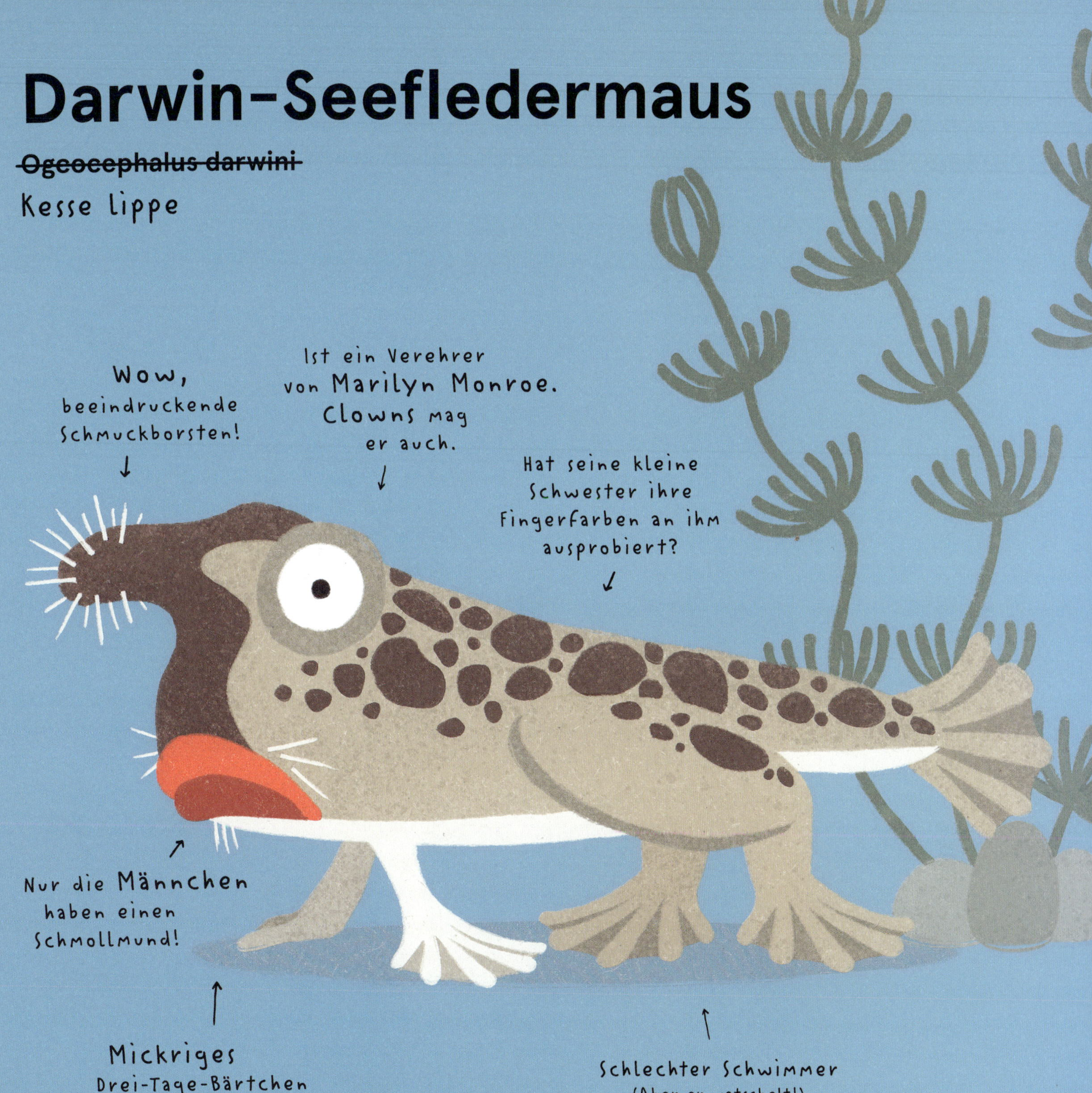

Diese sehr bizarren Fische kann man bei den Galapagosinseln über den Meeresgrund laufen sehen. Sie haben viele wundersame Anpassungen an ihr Leben auf dem Grund. Die knallroten Lippen der Männchen sind umwerfend (da werden die Damen schwach), und Darwin-Seefledermäuse spazieren auf ihren Brust- und Bauchflossen über den Meeresgrund. Das können sie so gut, dass sie nur selten schwimmen.

Zikade

~~Cicadoidea~~

Dunkelbsssbsssbsssausdiemaus

Diese Mitglieder einer riesigen Familie mit vielen Tausend Arten kann man an ihrem stämmigen Körper und dem ziemlich großen Kopf erkennen. Es gibt viele unterschiedliche Zikaden. Die Larven der Periodischen Zikaden leben unglaublich lange Zeit im Erdboden, wo sie den nahrhaften Saft aus Pflanzenwurzeln saugen. Irgendwann schlüpfen die geflügelten erwachsenen Insekten.

Erwachsene Periodische Zikaden legen ihre Eier in kleine Löcher, die sie in Zweige bohren. Nach etwa 10 Wochen schlüpfen Larven ohne Flügel, die sich von der Pflanze fallen lassen und flink in den Erdboden eingraben. Sie leben dann 13 oder 17 Jahre lang unter der Erde, je nach Art, und saugen den leckeren Saft von Pflanzenwurzeln.

Wenn es allmählich an der Zeit ist, an die Oberfläche zu kommen, wartet die Larve, bis der Boden angenehme 18 °C warm ist. Dann gräbt sie sich nach oben und krabbelt an einem Baumstamm empor. Dort häutet sie sich – und zum Vorschein kommt die geflügelte Zikade! Sie schwirrt ab, um sich einen Partner zu suchen. Die Weibchen legen bis zu 600 Eier. Nach ein paar süßen Wochen in den lauen Lüften fallen sie mausetot auf den Boden.

Goldfisch

~~Carassius auratus~~

Karpfa domestica

Schon seit Jahrtausenden halten Menschen Goldfische. Du solltest es dir aber gründlich überlegen, bevor du dir einen anschaffst, denn manche werden 40 Jahre alt! Sie haben einen sechsten Sinn, mit dem sie Schwingungen im Wasser wahrnehmen, die ihre Beutetiere und auch ihre Feinde erzeugen. Und (anders als man munkelt): Sie haben ein gutes Gedächtnis! Bei Intelligenztests haben sie bewiesen, dass sie sich das, was für sie wichtig ist, mindestens sechs Monate lang merken können.

Stabschrecke

~~Phasmatodea~~

Astus trippli trappli

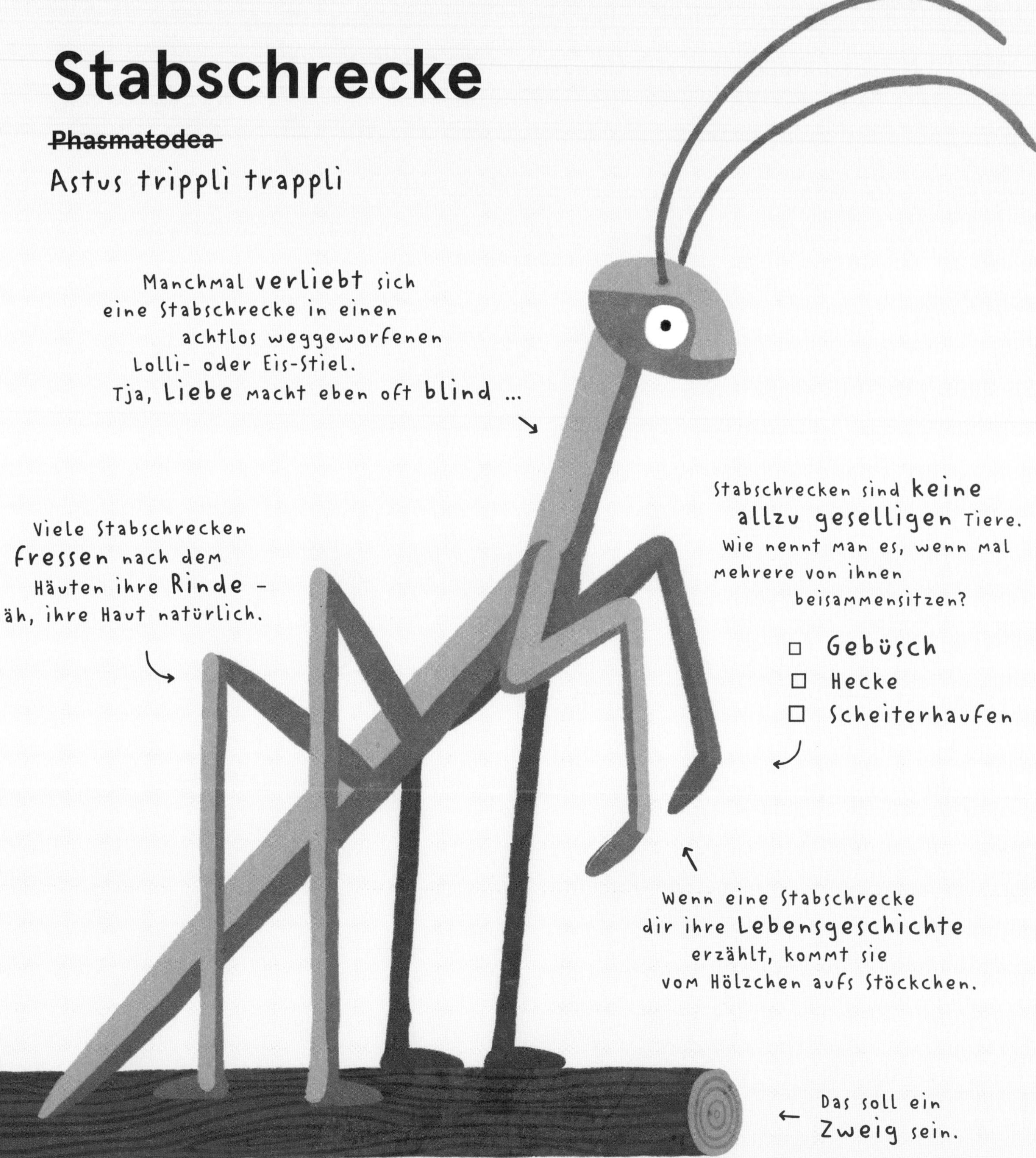

Weltweit gibt es mehr als 3 000 Stabschreckenarten, die man auch Gespenstschrecken nennt. Jede Art ähnelt den Pflanzen, die in ihrer speziellen Umgebung wachsen. Sogar die Eier dieser Insekten ähneln Pflanzensamen. Im Lauf der Evolution hat sich diese fantastische Tarnung entwickelt.

Regenwurm

~~Lumbricus terrestris~~

Kriecho schleimis

Keine Knochen

Gedrehter Halbmond

Eine Gruppe Regenwürmer nennt man auch „Spaghetti gallertico".

Burmesischer Sitz

Sonnengruß

Lotossitz

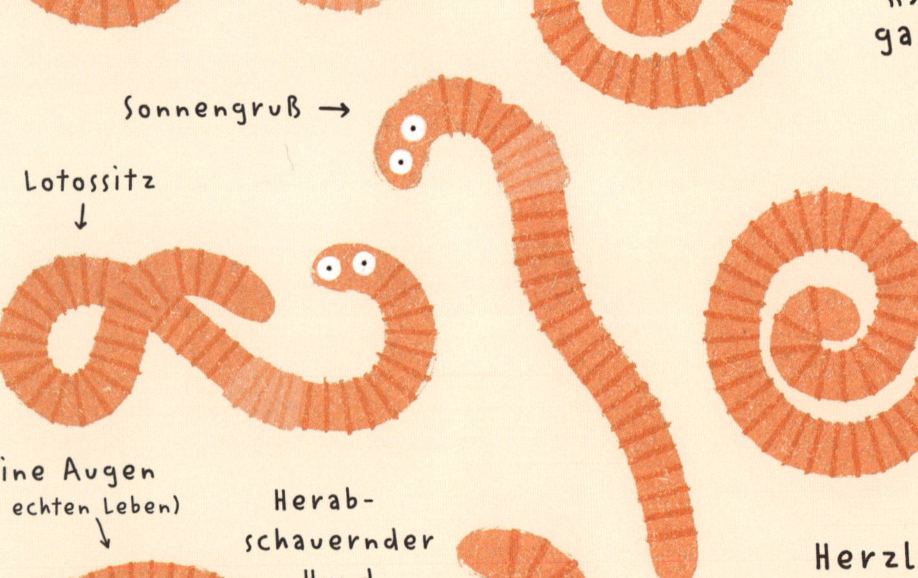

Keine Augen (im echten Leben)

Herabschauernder Hund

Herzlose Erdfresserchen!

Regenwürmer haben kein richtiges Herz, sondern gleich fünf herzähnliche pumpende Schläuche im Körper.

Gar nicht witzig: Wenn du einen Regenwurm in der Mitte **durchschneidest**, bekommst du nicht zwei Würmer, sondern **eine Wurmleiche.**

Regenwürmer gibt es auf der ganzen Erde. Man findet sie überall dort, wo der Erdboden feucht ist, und am häufigsten wühlen sie sich durch den Boden von Wäldern und Wiesen. Es gibt sehr unterschiedliche Arten – in Australien werden manche zwei Meter lang!

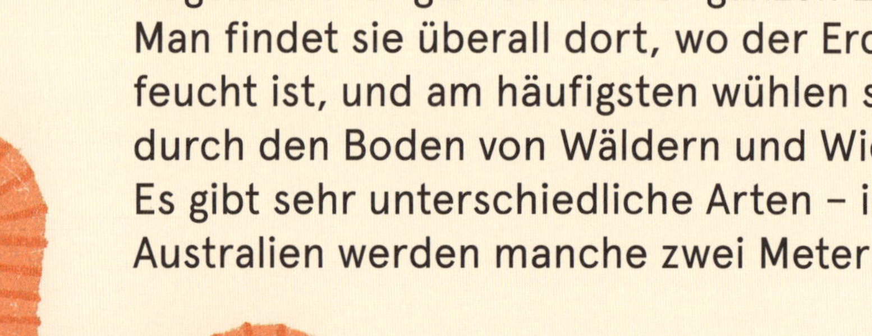

← Auf keinen Fall ausprobieren!

Feuchte Erde ist das A und O für einen Regenwurm, denn er hat keine Lungen. Er nimmt den Sauerstoff direkt über seine Haut auf, und die muss feucht sein, damit das Gas in sein Blut gelangen kann.

Charles Darwin liebte Regenwürmer. 1881 schrieb er ein ganzes Buch über sie. Darin kann man lesen: „Würmer haben in der Erdgeschichte eine viel wichtigere Rolle gespielt, als die meisten Leute annehmen."

„Die kleine Raupe Nimmersatt" hat mich auf die Idee gebracht!

Regenwürmer essen Erde! Sie verdauen die Pflanzenreste darin, und wichtige Nährstoffe werden mit dem Wurm-Kot wieder frei. Das macht den Boden fruchtbar für die Pflanzen. Und ohne Pflanzen gäbe es keine Tiere. Auch dich nicht!

Nacktmull

~~Heterocephalus glaber~~

Knackwursta runzlica

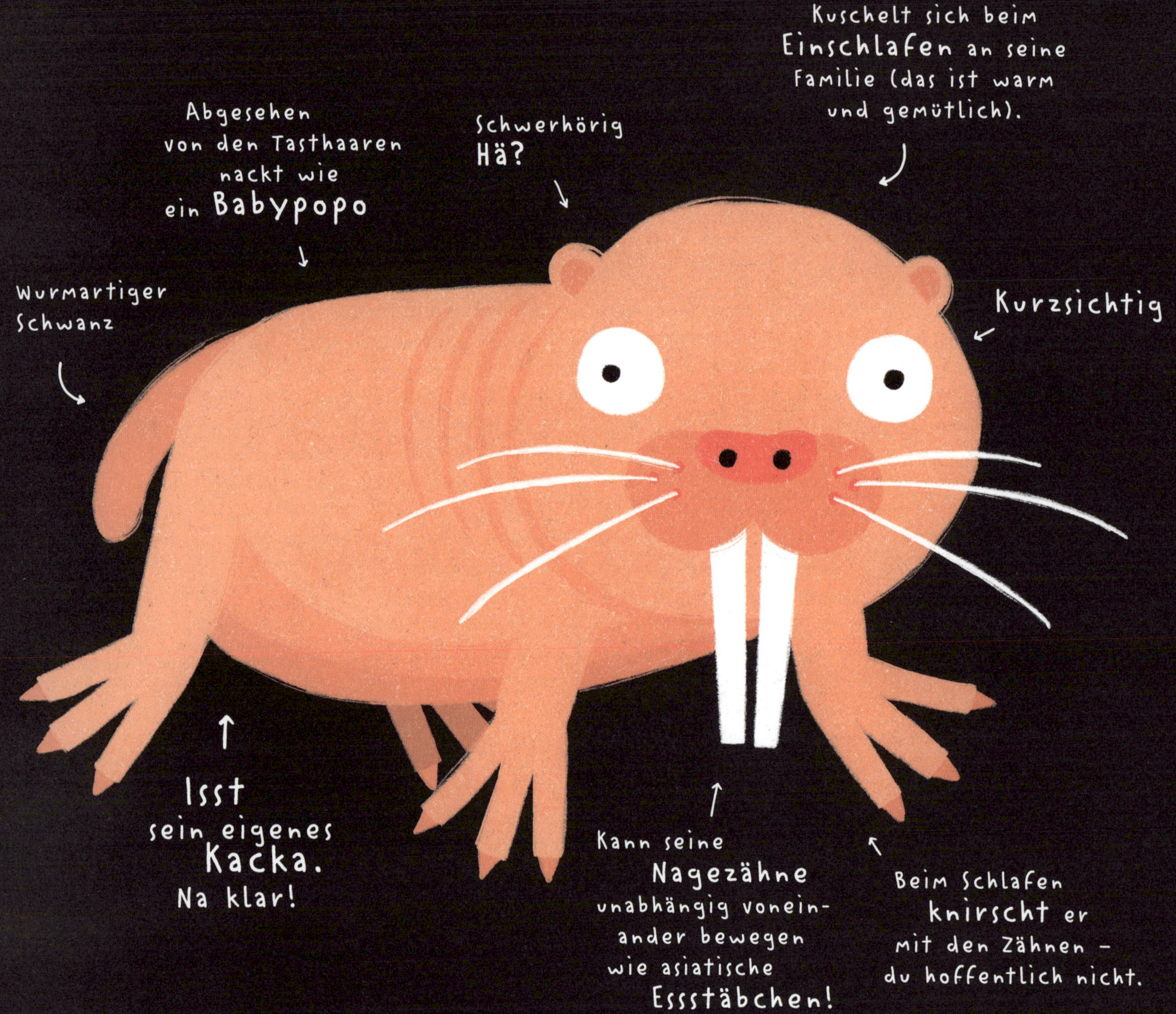

Diese unterirdischen Nager sind perfekt an ihr Leben im Erdboden angepasst. Mit einem Viertel ihrer Muskelmasse bewegen sie ihre mächtigen Kiefer. Die Mulle graben mit ihren enormen Beißerchen komplizierte Gangsysteme, die viele Kilometer lang sein können. Oft leben Hunderte Mulle im Bau. In der Kolonie hat jedes Tier hat eine spezielle Aufgabe. Es gibt eine mächtige Königin, Soldaten und Arbeiter, und alle erledigen eifrig ihre Arbeit.

Inkaseeschwalbe

~~Larosterna inca~~

Schnauzerus banditico

Sieht aus wie ein Bandit.

Jagt anderen Seevögeln schamlos die Beute ab!

Miaut wie eine Katze! Wie sonderbar …

Ein sehr selbstbewusster (wenn nicht gar unverschämter) Vogel

Banditen-Bärtchen zum Angeben

Besetzt dreist die Nester anderer Vögel (auf die von Humboldtpinguinen ist sie besonders scharf).

Ist im Wasser nicht allzu geschickt, die Füße sind eher klein.

Inkaseeschwalben sind fabelhafte Flieger und teuflisch schnell. Manchmal stoßen sie hinab, um einem verdutzten Seelöwen den leckeren Fisch aus dem Maul zu klauen! Und schippert ein Fischkutter vorbei, dann schnappen sie sich die Fischreste. Wenn die Männchen und Weibchen ungefähr zwei Jahre alt sind, wächst ihnen der verwegene Schnurrbart. Er zeigt an, wie gesund der Vogel ist – je länger seine Bartfedern, desto fitter ist er. Deshalb bekommen die Vögel mit den prächtigsten Schnurrbärten auch die meisten Jungen.

Waldmurmeltier

~~Marmota monax~~

Meteorologicus katastrophalis

← Kann auch mal lästig werden (klaut dem Bauern die Ernte).

Lebt im Untergrund. ↓

Ein Waldmurmeltier lebt in einem unterirdischen Bau mit verzweigten, oft 20 Meter langen Gängen, und der ist meistens gar nicht im Wald, sondern im Freiland. In der Erdwohnung gibt es Schlafkammern und eigene Toiletten. Im Bau ziehen die Nager ihren moppeligen Nachwuchs groß, verstecken sich vor ihren Feinden und halten Winterschlaf.

↑ Verbringen ungefähr drei Monate im Jahr im Winterschlaf, diese Schnarchzapfen.

Waldmurmeltiere sind die größten Mitglieder der Familie der Hörnchen. Zwar lieben sie ihren Bau, aber sie können auch auf Bäume klettern, wenn ein Raubtier aufdringlich wird. Und sie können supergut schwimmen – wenn es denn sein muss.

Flink und sportlich (das macht die gesunde Ernährung)

Die Tiere wissen genau, wann sie aus dem Winterschlaf aufwachen müssen, damit ihr Nachwuchs beste Überlebenschancen hat. Ihr Timing ist perfekt. So perfekt, dass man sie in Nordamerika zur Wettervorhersage nutzt. Man beobachtet sie, um herauszufinden, wann der Frühling beginnt.

So was von neugierig

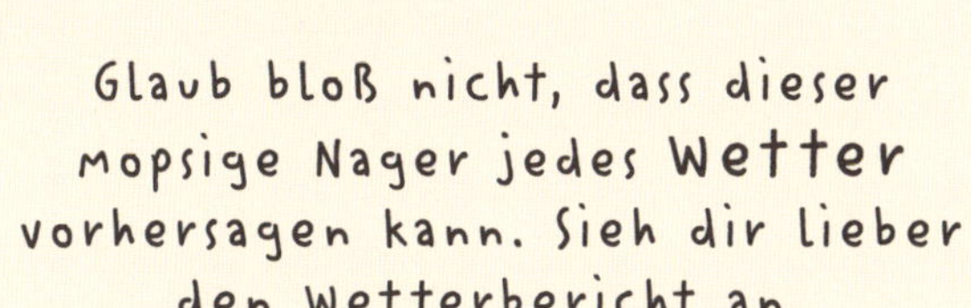

Waldmurmeltiere gelten oft als lästige, verfressene Wühler und Nager, aber sie sind für die Natur sehr wichtig. Mit ihren Bauen sorgen sie dafür, dass Luft in den Boden eindringen kann. Die Pflanzen wachsen dann viel besser.

Seeigel

~~Echinoidea~~

Diese stacheligen Bengel sind Verwandte der Seesterne und Seegurken. Sie leben im Meer und verputzen alles, was in ihren kuriosen Mund passt. In ihm befinden sich fünf scharfe Zähne, mit denen sie sogar Steine zerschreddern können! Seeigel sind sehr wichtig, denn sie sorgen im Ökosystem eines Korallenriffs für das Gleichgewicht, weil sie Korallen und Algen verspeisen. Sie selbst sind das Lieblingsessen von Seeottern, vielen Fischen und Seevögeln und einigen Menschen.

Koala

~~Phascolarctos cinereus~~

Bärus tunurso

Ein Koala schläft jeden Tag bis zu 18 Stunden. Weil sich diese Beuteltiere von giftigen Eukalyptusblättern ernähren, sind sie immer ein bisschen dösig. Wenn Koalababys zur Welt kommen, haben sie noch keine hilfreichen Darmbakterien im Bauch. Diese brauchen sie, um ihr Giftgemüse zu verdauen. Aber keine Sorge, Mama Koala ist zur Stelle! Wenn ihr Kind alt genug ist, füttert sie ihm ein wenig von ihrem Kacka. So kommen die guten Bakterien in den Baby-Darm.

Schnabeltier

~~Ornithorhynchus anatinus~~ Entenschnablus mammalovarius

Als Naturforscher im 18. Jahrhundert ein totes australisches Schnabeltier nach London schickten, hielten die Engländer es für einen gelungenen Scherz. Sein pelziger Körper erinnert an einen Fischotter, es hat Schwimmhäute zwischen den Zehen, einen Entenschnabel und keinen Magen. An den Hinterbeinen der Männchen sitzen Giftstachel und die Weibchen legen Eier. Also, wenn das nicht seltsam ist ...

Schnabeltiere gibt es vermutlich seit 110 oder 120 Millionen Jahren. Erst kurz vorher hatten sich aus Reptilien die ersten Säugetiere entwickelt. Wie Reptilien legen auch Schnabeltiere Eier, während die meisten anderen Säugetiere lebende Junge zur Welt bringen. Zur Familie gehören nur noch die sonderbaren Schnabeligel, die ebenfalls Eier legen.

Mit ihrem phänomenalen Schnabel nehmen Schnabeltiere elektrische Felder wahr, die andere Tiere erzeugen. Mit diesem speziellen Elektro-Sinn jagen sie unter Wasser Fische und Krebstiere.

Afrikanischer Strauß

~~Struthio camelus~~

Huhnus giganticus

Um hungrige Raubkatzen in der afrikanischen Savanne abzuhängen, kann der schwerste Vogel der Welt 70 Stundenkilometer schnell sprinten. Mit seinen puscheligen Flügeln hält er dabei das Gleichgewicht. Stehen die Chancen trotzdem schlecht, wendet er eine andere Taktik an: Er beugt seinen Hals hinab und hält den Kopf nah am Boden ganz still. Aus der Entfernung sieht er nun für den Feind wie ein Busch aus. Für uns sieht es eher so aus, als hätte der den Kopf in den Sand gesteckt, daher kommt das bekannte Sprichwort.

Inlandtaipan

~~Oxyuranus microlepidotus~~

Ultra mega toxicum

Zum Glück für uns lebt diese Giftschlange sehr zurückgezogen. Sie hängt irgendwo im australischen Outback rum, wo die Chancen nicht allzu groß sind, dass ihr ein Mensch über den Weg läuft. Ihr Gift kann einen Erwachsenen innerhalb von 30 Minuten umbringen. Und beunruhigenderweise besitzt ein durchschnittlicher Inlandtaipan so viel Gift, dass er 100 Erwachsene erledigen kann.

*Zum Glück kann sie nicht stolpern und sich dabei auf die Zunge beißen.

Vielleicht nicht das allerniedlichste Haustier

Man nennt sie auch die Schreckensotter.

Keine Rassel (Klappert also gar nicht erst zur Warnung.)

Muss man denn wirklich sooo giftig sein?

Hat weder Arme noch Beine.*

Wenn diese Schlange dich beißt, beißt du ins Gras.

Meerschweinchen

~~Cavia porcellus~~

Quiek quiiiek flauschii

Meerschweinchen sind supersüße Haustiere. Die geselligen, pummeligen Nager glucksen und murmeln, wenn sie sich wohl fühlen (oder Angst haben), und sie popcornen! So nennt man es, wenn sie aus purer Lebensfreude hoch in die Luft hüpfen. Sie fiepen auch im Ultraschallbereich. Wir können ihr Geplauder in den höchsten Tönen nicht hören.

Die Nagetiere stammen aus dem südamerikanischen Andengebirge. Einige Menschen dort glaubten, dass sie Krankheiten heilen können. Zu ihren Heilmethoden gehörte, die armen Dinger über den kranken Körperteil zu reiben und ähnlicher Hokuspokus. Und man isst sie schamlos auf! Meerschweinchen gelten in vielen südamerikanischen Ländern wie Peru, Bolivien, Ecuador und Kolumbien als Delikatesse.

Wir halten die niedlichen Fellnasen lieber als Haustiere, statt sie zu braten, aber auch für die westliche Medizin müssen sie herhalten. Sie haben nämlich eine Besonderheit mit uns Menschen gemeinsam: Ihr Körper kann kein Vitamin C bilden. Deshalb testet man an ihnen viele neue Medikamente aus. Die armen Schweine …

Eintagsfliege

~~Ephemeroptera~~

Heutehiera morgentoti

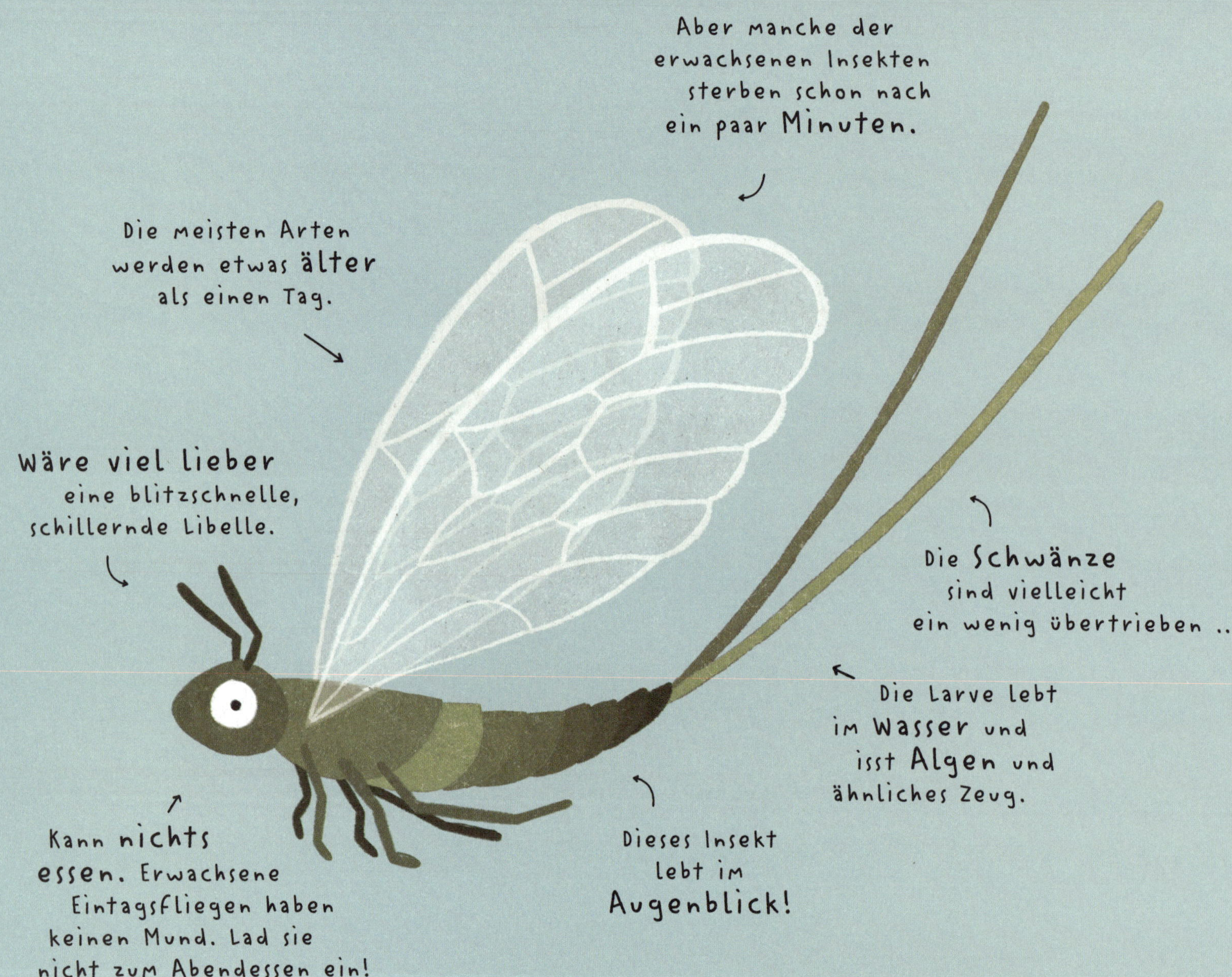

Im Lauf ihres Lebens durchläuft eine Eintagsfliege vier Stadien: Das Ei (ein paar Wochen), die Larve (ein paar Monate bis zwei Jahre), die Subimago (ein paar Minuten bis wenige Tage) und die erwachsene Eintagsfliege. Die lebt dann nur noch ein paar Minuten bis wenige Tage, das kommt auf die jeweilige Art an. Wenn sie ihre Aufgabe erfüllt und Eier gelegt hat, fällt sie einfach tot vom Himmel.

Streifenskunk

~~Mephitis mephitis~~
Popo stinkus infernalis

Skunks wollen ihre umwerfenden Stinkbomben eigentlich gar nicht abfeuern. Aber sie können es, und sie müssen es tun. Der infernalische Foltergestank ist nämlich ihre einzige Verteidigung gegen Feinde. Glücklicherweise haben die Tiere gute Manieren und geben dir eine faire Chance, bevor sie losfeuern. Sie führen ein wildes Tänzchen zur Warnung auf. Dabei knurren sie, schütteln ihren Pelz, stampfen mit den Pfoten auf und machen manchmal sogar Handstand!

Großer Ameisenbär

~~Myrmecophaga tridactyla~~

Staubsaugerschnauzus staubwedelschwanzis

Wie sein Name vermuten lässt, frisst dieses Tier Ameisen, und zwar jede Menge davon! Bis zu 35 000 Ameisen oder Termiten verputzt ein Ameisenbär jeden Tag. Er steckt seine lange, superklebrige Zunge in das Nest und schlabbert so viele Insekten wie möglich heraus. Und er schafft Hunderte pro Minute! Bevor sich die Ameisen irgendwann wehren …

Ameisenbären sind aber keine Gierschlunde, sondern rücksichtsvolle Räuber. Sie fressen nur so viele Ameisen, bis sie satt sind, und zerstören niemals die ganze Kolonie. Es sind immer noch genügend Insekten übrig, die das Nest dann wieder ausbessern.

Wie rücksichtsvoll!
Uuuu!

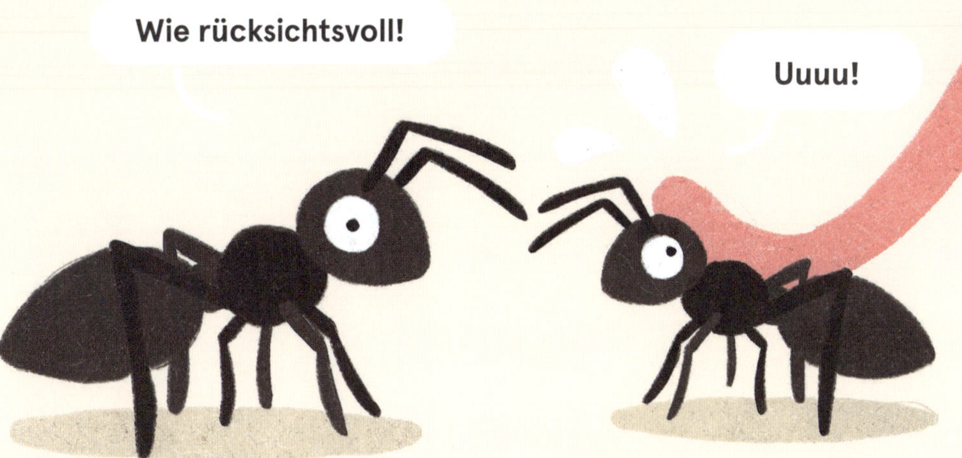

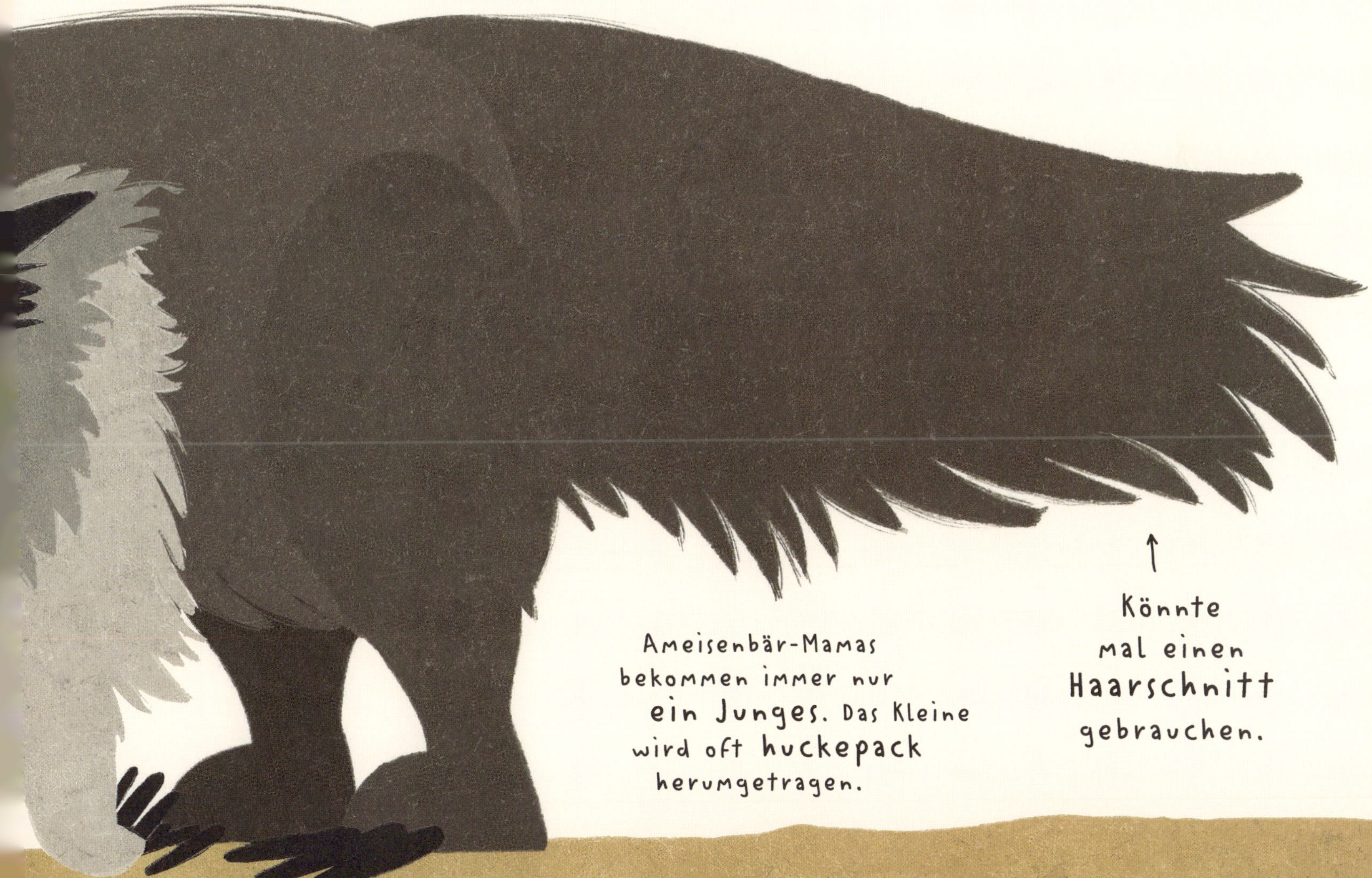
Ameisenbär-Mamas bekommen immer nur ein Junges. Das Kleine wird oft huckepack herumgetragen.
Könnte mal einen Haarschnitt gebrauchen.

Die Krallen des Ameisenbären sind bis zu 10 cm lang und ideal, um ein Ameisennest aufzubuddeln. Sie kommen auch zum Einsatz, wenn ein Feind, etwa ein Jaguar, abgewehrt werden muss. Fühlt sich der Ameisenbär bedroht, kann er sich aufrichten und dem Angreifer sauber eins auf die Schnauze geben. Aua!

Gloster-Kanarienvogel

~~Serinus canaria domesticus~~

Piepmatzo prinz eisenherzus

Großer Beatles-Fan!

Wenn dir deine Mama eine Schüssel aufsetzt, um dir einen entzückenden Topfschnitt zu verpassen, dann nimm deine Beine in die Hand!

Ist kein besonders guter Sänger. Wie peinlich für einen Kanarienvogel ...

In der freien Natur würde dieser Vogel nicht lange überleben. Er sieht ja nicht, wo er hinfliegt.

Sprechen kann er auch nicht.

Und er mag auch nicht die Kralle geben.

Seit Jahrhunderten halten Menschen Kanarienvögel als Haustiere. Gloster-Kanarienvögel kommen in freier Natur nicht vor. Sie wurden von Leuten mit einem eigenwilligen Geschmack gezüchtet.

1925 wurde der Gloster-Kanarienvogel in England als Vogelrasse anerkannt. Die fröhlichen Vögel mit der komischen Frisur sind noch immer beliebte Haustiere.

Fingertier

~~Daubentonia madagascariensis~~

Langfingerus koboldicus

Fingertiere haben extrem lange, dünne Mittelfinger. Mit ihnen klopfen sie Baumrinde ab. Sie horchen genau hin, wo sich ein Hohlraum befindet, in dem eine Larve lebt. Dann wird die Mahlzeit mit dem Spinnenfinger herausgepult. Auf der Insel Madagaskar gibt es keine Spechte, deshalb nehmen die Fingertiere ihre Rolle ein.

Dreizehenfaultier

~~Bradypus variegatus~~ Lahmus kopfüberi

Die laaangsamsten Säugetiere der Welt leben wirklich in Zeitlupe. Aber sie sind nicht einfach nur faul, sondern das gemächliche Leben hat für sie große Vorteile. Die Tiere sparen Energie und werden von Feinden (wie gefräßigen Jaguaren) nicht entdeckt, wenn sie reglos und unauffällig in den Bäumen herumhängen.

Faultiere leben auf Bäumen. Sie verbringen ihr gesamtes Leben auf Bäumen. Dort oben machen sie alles, nur eines nicht: Für das große Geschäft klettern sie einmal pro Woche umständlich auf den Urwaldboden hinab. Eine Portion Faultier-Kacka wiegt dann etwa ein Drittel so viel wie das ganze Faultier.

Faultiere besitzen einen zusätzlichen Halswirbel, sodass sie ihren Kopf um 360 Grad drehen können. Sie haben den Wald also genauestens im Blick. Noch etwas können sie erstaunlich gut: Sie schwimmen dreimal so schnell, wie sie laufen. Und sie können ihren Atem 40 Minuten lang anhalten!

Weil Faultiere sich so langsam bewegen und ein dichtes, drahtiges Fell haben, sind sie ein erstklassiger Lebensraum für alle möglichen Insekten und Mikroorganismen. Aber diese kleinen Mitbewohner sind nicht nur lästig. Der Pelz vieler Faultiere ist grünlich, weil Algen in ihm wachsen. So ist das Tier in den Baumkronen gut getarnt.

Schnake

~~Tipulidae~~

Spindelbeina zapplica

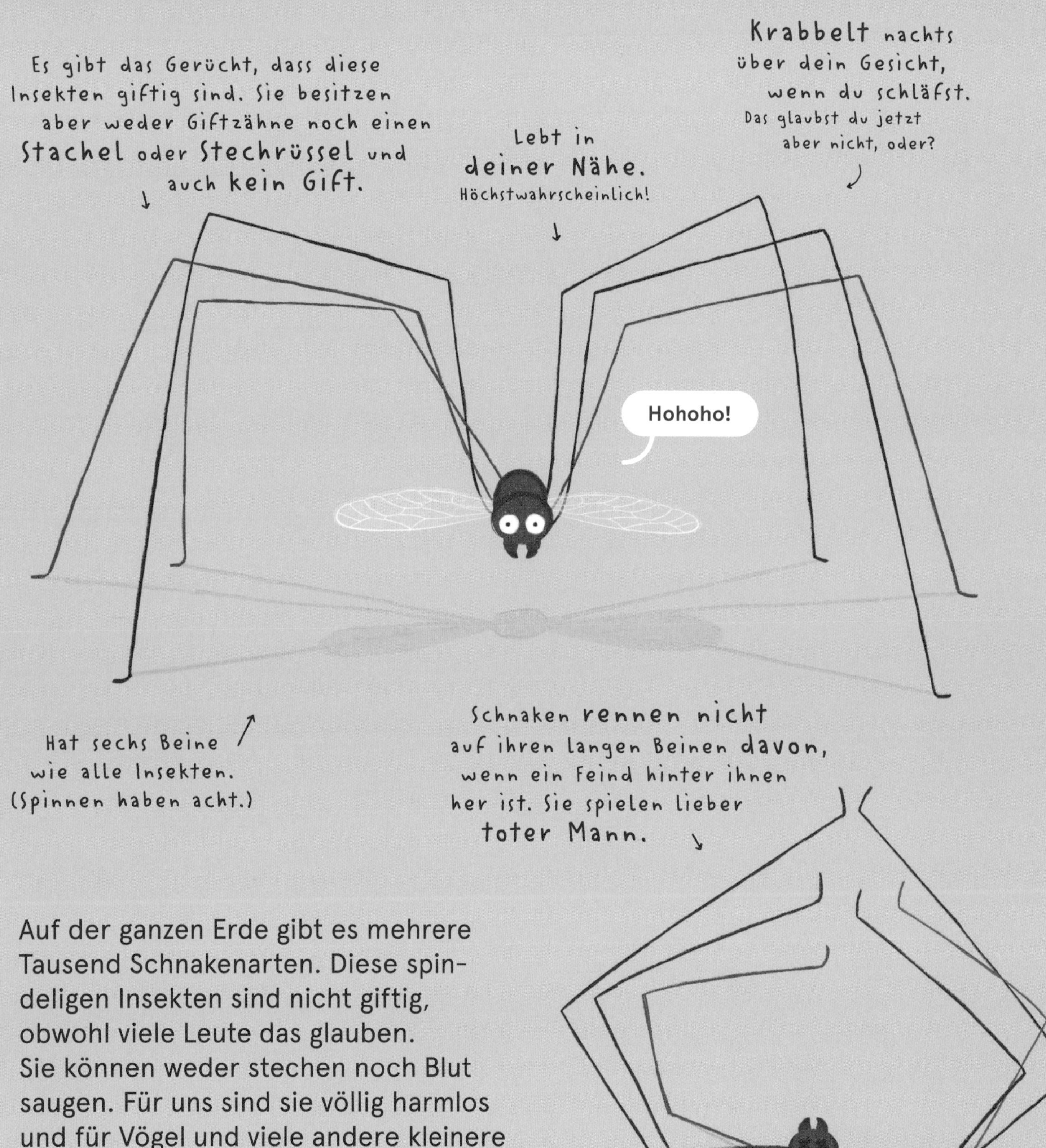

Auf der ganzen Erde gibt es mehrere Tausend Schnakenarten. Diese spindeligen Insekten sind nicht giftig, obwohl viele Leute das glauben. Sie können weder stechen noch Blut saugen. Für uns sind sie völlig harmlos und für Vögel und viele andere kleinere Tiere eine lebenswichtige Nahrung.

Seidenhuhn

~~Gallus domesticus~~

Gluckus perückus

Japanische Seidenhühner sind eine sehr alte Haushuhnrasse. Ihr Skelett und ihre Haut sind blauschwarz. Für diese untypische Farbe sorgt eine Laune ihrer Gene, die man Fibromelanosis nennt. Der Körper bildet zu viele dunkle Farbstoffe, sowohl innen als auch außen. Diese entzückenden Hühner gelten in einigen Ländern als Delikatesse.

Kugelfisch

~~Tetraodontidae~~

Igelkugla giftica

Es gibt mehr als 100 Kugelfischarten, die alle relativ klein sind und langsam schwimmen. Damit kein größerer Fisch daherschwimmt und ihn einfach verschluckt, hat so ein Kugelfisch einen erstaunlichen Trick: Er saugt jede Menge Wasser in seinen dehnbaren Magen und bläht sich gehörig auf! Nun stehen seine stachelartigen Schuppen ab. In einen solchen Stachelball beißt kein hungriger Feind gern hinein. Aber das ist noch nicht alles ...

Fast alle Kugelfischarten bilden in ihrem Körper das Gift Tetrodotoxin. Sie schmecken scheußlich, und wenn sie trotzdem jemand anbeißt, endet das meistens tödlich für den Angreifer. Trotzdem gilt ein kleines Stück ihres Körpers, das man „Fugu" nennt, in Japan als Delikatesse. Köche müssen drei Jahre lang lernen, wie man dieses Menü für Tollkühne richtig zubereitet. Trotzdem sterben jedes Jahr mehrere Menschen an Kugelfischvergiftung.

Die leckeren Körperteile des Kugelfischs:

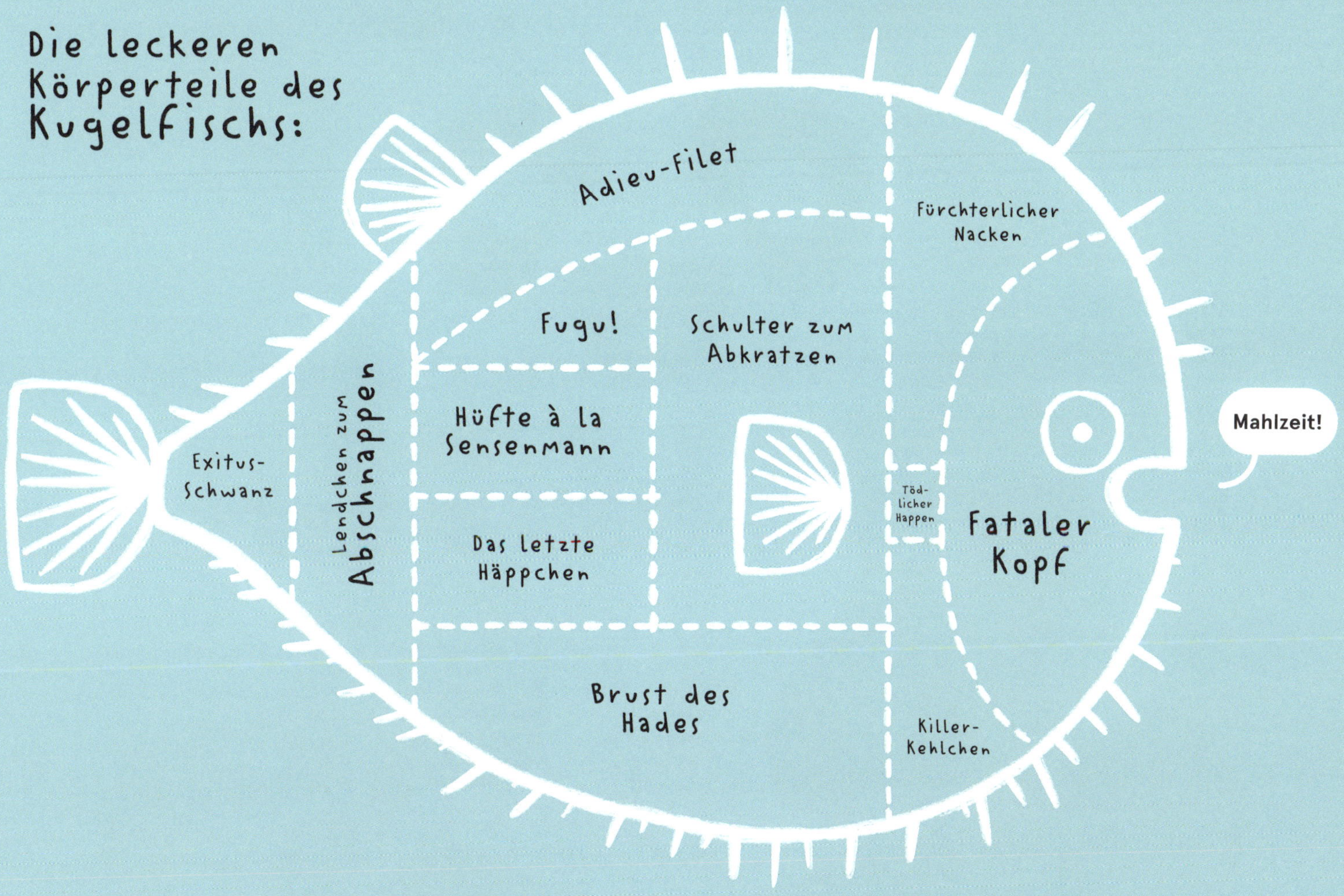

Adieu-Filet
Fürchterlicher Nacken
Fugu!
Schulter zum Abkratzen
Exitus-Schwanz
Lendchen zum Abschnappen
Hüfte à la Sensenmann
Das letzte Häppchen
Tödlicher Happen
Fataler Kopf
Mahlzeit!
Brust des Hades
Killer-Kehlchen

Menschen sind schon seltsame Kreaturen, aber wir sind nicht die einzigen Säugetiere, für die das Kugelfisch-Gift ein Nervenkitzel ist. Delfine spielen gern mit Kugelfischen, weil die dann ihr Gift abgeben. In geringer Dosis hat es eine berauschende Wirkung. Es macht die Delfine ganz high!

Großer Panda

~~Ailuropoda melanoleuca~~

Teddy veganus faulus

Pandababys werden taub, blind und ohne Fell geboren. Die rosa Würmchen sind nur ungefähr 15 Zentimeter lang und 100 Gramm schwer. Zum Glück sind Panda-Weibchen tolle Mamas, die sich etwa 18 Monate lang gut um ihre Kleinen kümmern. Die Bärchen verspeisen riesige Mengen Bambus (und fast nichts anderes) und sind mit sechs Jahren ausgewachsen. Dann sind sie ungefähr 1,5 Meter lang und wiegen bis zu 135 Kilo.

Giraffenhalskäfer

~~Trachelophorus giraffa~~

Giraffa wärsogerna

Die Männchen haben viel längere Hälse als die Weibchen. Sie können wohl den Hals einfach nicht voll bekommen.

Beißt nicht.

Du errätst bestimmt nie, wie dieser Käfer zu seinem Namen gekommen ist …

Hat Schwierigkeiten, den passenden Schal für den Winter zu finden.

Die langen Hälse brauchen die Männchen, um miteinander zu kämpfen. Wieder mal typisch …

Kann fliegen! Auch wenn er dabei ziemlich unelegant rüberkommt.

Die Weibchen sind die Schiedsrichterinnen. Die siegreichen Langhälse werden Papas!

Kein Stachel

Sechs Beinchen wie alle Insekten

Diese flotten kleinen Käfer kommen nur auf der Insel Madagaskar vor und dort nur auf einer einzigen Baumart: dem Giraffenhalskäferbaum! Die Käfer-Weibchen bauen aus den weichen Haaren seiner Blätter einen kuscheligen Kokon, in den sie ihre Eier legen.

Gürtelmull

~~Chlamyphorus truncatus~~

Grabowski panzerballis

Die fusseligen Haare sind wohl eher ein missglückter Versuch, schick auszusehen. Außerdem ertastet der Mull mit ihnen seine Umgebung.

Kugelsicherer Panzer in der mega-coolsten Farbe: Babyrosa!

Blind wie ein Maulwurf

Absurd große Krallen an den Vorderfüßen – zum Buddeln und Angeben

Krallen an den Hinterfüßen nicht übertrieben groß.

Die kleinsten Mitglieder der Familie der Gürteltiere schwimmen regelrecht durch den Sand. Sie graben Gänge in den Sandboden und gehören zu den wenigen Landsäugetieren ohne äußere Ohrmuscheln. Deshalb tragen sie keine Brille, aber die brauchen sie auch nicht, denn sie verbringen den größten Teil ihres Lebens ohnehin im Dunkeln. Im sandigen Boden essen sie wirbellose Tiere und Pflanzenwurzeln.

Gürtelmulle sind nur etwa elf Zentimeter lang und unglaublich drollig, aber sie sind ausgesprochen stressanfällig. Man darf sie auf keinen Fall als Haustiere halten, denn die meisten sterben nach wenigen Tagen.

Wenn ein Gürtelmull einem Raubtier oder dem Besitzer einer Zoohandlung entkommen will, gräbt er sich blitzschnell in den Sand ein und rollt sich zu einer Kugel zusammen. Sein Panzer verschließt nun wie ein Flaschenkorken den Eingang des Baus.

Perfekt geschützt

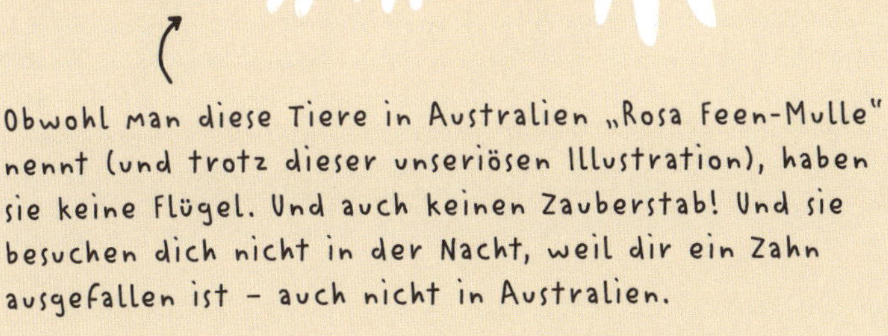

Obwohl man diese Tiere in Australien „Rosa Feen-Mulle" nennt (und trotz dieser unseriösen Illustration), haben sie keine Flügel. Und auch keinen Zauberstab! Und sie besuchen dich nicht in der Nacht, weil dir ein Zahn ausgefallen ist – auch nicht in Australien.

Gürtelmulle haben sich während vieler Jahrmillionen an ein Leben in der Dunkelheit angepasst. Genau wie die Zahnfee!

Papageifisch

~~Scaridae~~

Sandkaka fischii

Diese Fischfamilie ist zu ihrem Namen gekommen, weil die vorderen Zähne zu Platten verwachsen sind und an einen Papageienschnabel erinnern. Mit ihm knabbert der Fisch am Korallenriff Algen und wirbellose Tiere. Dabei beißt er oft große Stücke von den harten Kalkskeletten der Korallen ab. Damit er alles Nahrhafte daraus aufnehmen kann, hat er hinten im Maul noch andere Zähne, mit denen er die Korallen zermalmt. Harte Stückchen spuckt er dann aus oder verschluckt sie, sodass sie mit seinem Kot wieder zum Vorschein kommen. Im Lauf vieler Jahrtausende hat sich dieser Korallensand an einigen Stränden angehäuft. Wenn du mal an einem weißen Traumstrand eine Sandburg baust, dann denk daran, wem der Sand zu verdanken ist.

Kurzkopfgleitbeutler

~~Petaurus breviceps~~

Gleitfellchen beuteltierus

Männchen bekommen eine Glatze!

Naschkatze! Liebt Nektar, Honig und zuckersüßen Pflanzensaft.

Ist in der Nacht unterwegs (deshalb auch die riesigen Augen).

Spitze kleine Krallen

Stell dir mal vor, du hättest so eine Flughaut zwischen den Armen und Beinen!

Kurzkopfgleitbeutler sind beliebte Haustiere. Besonders gern pullern sie auf Sofas.

Diese pelzigen, geselligen Beuteltiere sind an das Leben in den Bäumen angepasst. Mit ihrer Flughaut können sie bis zu 45 Meter weit gleiten. Sie landen an einem Baumstamm und halten sie sich mit ihren Füßen daran fest. Während sie nach oben klettern, spreizen sie ihren großen Zeh so ab wie wir unseren Daumen. Und weil sie ihre Fußgelenke um 180 Grad verdrehen können, klettern diese kleinen Nachtkobolde auch mühelos kopfüber den Baumstamm hinunter.

Kapuzineraffe

~~Gebus imitator~~

Affus pullerhandi

Kapuzineraffen sind vermutlich die schlauesten Neuweltaffen (so nennt man die Affen, die in Zentral- und Südamerika leben). Sie verwenden flache Steine, um Nüsse, Muscheln und Samen zu knacken. Und mit Ästchen fummeln sie unglaublich geschickt Ameisen und Termiten aus ihren Nestern.

Die geselligen kleinen Schlingel unterhalten sich mit ihren Kumpelinnen und Kumpels mit verschiedenen Lauten, Gesten und Gesichtsausdrücken. Genau wie wir! Weil sie uns so ähnlich sind, hat man sie im letzten Jahrhundert als Jockeys verkleidet und ließ sie auf Windhunden reiten. Sehr witzig ... die Ärmsten! Heute spielen sie in vielen Hollywoodfilmen mit.

↗ wer hat sich bloß diesen Schwachsinn ausgedacht?

Ein Verhalten ist etwas seltsam: Die Männchen pinkeln sich nämlich auf ihre Hände und Füße. Man weiß nicht genau, warum sie das machen. Vielleicht lockt es die Weibchen an, oder es hilft, die Rangordnung in der Gruppe festzulegen.

Schopfhirsch

~~Elaphodus cephalophus~~

Draculabambi bello

Obwohl diese Hirsche Vampiren irgendwie ähnlichsehen, essen sie ausschließlich Pflanzen. Den lieben langen Tag naschen sie Gräser, Blätter und Früchte. Wenn ein Schopfhirsch vor einem Raubtier auf der Flucht ist, wedelt er mit seinem Schwanz auf und ab. Ist der Schwanz oben, ist die helle Unterseite sichtbar. Ist er unten, sieht der Feind schwarz. Das Flackern verwirrt ihn und der Schopfhirsch macht unversehrt die Biege.

Buckelzirpe

~~Membracidae~~

Zicada triangeli

Diese Insekten sind Meisterinnen und Meister der Tarnung. Wenn sie an einem Zweig sitzen, sehen sie einem Dorn der Pflanze täuschend ähnlich. Kein hungriger Feind erkennt die Buckelzirpe. Es gibt mehrere Tausend Arten in aller Welt. Sie unterhalten sich auf faszinierende Weise, indem sie ihre Futterpflanze zum Schwingen bringen.

Palmendieb

~~Birgus latro~~

Zwackerdizwack kokosnuss ab

Wer hat die Kokosnuss ...
wer hat die Kokosnuss ...
wer hat die Kokosnuss
gekla-ha-haut?

Man nennt ihn auch den **Kokosnussräuber.**

Er hat es aber nicht nur auf Kokosnüsse abgesehen!

Palmendiebe spüren ihre Nahrung mit ihrem unglaublich feinen Geruchssinn auf. Wegen dieses Supersinns bekommen sie allerdings oft Ärger mit Menschen. Die neugierigen Landkrebse wandern in Häuser, Hotelzimmer, Strandkörbe und Rucksäcke, weil sie verlockenden Duftspuren folgen.

Wenn sie eine dufte Entdeckung gemacht haben – wie Essen oder eine interessante Kamera –, greifen sie sich die Beute mit ihren geschickten Zangen und machen sich flink aus dem Staub.

Den Palmendieb trifft man dort an, wo Kokospalmen wachsen, nämlich auf Inseln und an Stränden des Indischen und Pazifischen Ozeans. Denn (hatten wir das schon besprochen?) er liebt Kokosnüsse! Mit seinen großen, kräftigen Scheren knackt er die harte Schale, um an das saftige Fruchtfleisch zu kommen.

Fetzenfisch

~~Phycodurus eques~~

Zwergdrago ozeanicus

Diese Cousins und Cousinen der Seepferdchen treiben sich inkognito zwischen Meeresalgen an der australischen Südküste herum. In ihrem fetzigen Tarnkleid ähneln sie den Algen so sehr, dass sie offenbar keine Fressfeinde haben. Wie bei Seepferdchen brüten auch beim Fetzenfisch die Väter die Eier aus. Mama Fetzenfisch drückt sie dem Papa in die Schwanzhaut, wo sie sich etwa neun Wochen lang entwickeln. Schließlich schlüpfen Hunderte zerfledderte Fischchen und paddeln gemächlich ins Blaue hinaus.

Eselspinguin

~~Pygoscelis papua~~

Watschla romantica

Der antarktische Eisschild besteht zu drei Prozent aus gefrorenem Pinguin-Pipi. (Dort pinkeln seit ungefähr 30 Millionen Jahren Pinguine hin.)

Die drittgrößten Pinguine der Antarktis bauen ihre Nester aus kleinen Steinen. Die drolligen Herren im Frack heben auch Steine auf und bieten sie ihrer auserwählten Pinguindame an, um ihr zu gefallen. An Land watscheln diese Vögel eher tollpatschig, aber sie sind unglaublich gut an das Leben im Wasser angepasst. Kein anderer Vogel kann so schnell schwimmen. Pinguine erreichen 35 Stundenkilometer und können ihren Atem sieben Minuten lang anhalten. Unter Wasser sehen sie auch besser als an Land.

Blattschneiderameise

~~Atta cephalotes~~

Ameisa emsiga schnippschnappii

Diese Insekten fallen auf, weil sie Stücke aus Blättern beißen und fortschleppen. Aber sie essen die Blätter nicht etwa, sondern tragen sie in ihr Nest, wo sie dann vor sich hinmodern, bis Pilze auf ihnen wachsen. Und diese Pilze sind die Nahrung der Ameisenkolonie! Wie alle Ameisenarten sind die Blattschneiderameisen sehr wichtig für das ökologische Gleichgewicht. Durch ihr emsiges Treiben gelangen Nährstoffe zurück in den Erdboden, sodass aus ihm neue Pflanzen wachsen können. In einem Nest leben bis zu 10 Millionen Ameisen, und nur menschliche Gesellschaften sind ähnlich kompliziert und so gut organisiert wie die der Ameisen.

Giraffe

~~Giraffa camelopardalis~~

Megaballerina ungelenkiga

Giraffen sind die höchsten Landtiere der Erde und manche Bullen werden unglaubliche 5,8 m hoch (höher als drei erwachsene Männer übereinander). Aber wenn man so groß ist, ist das Leben nicht immer ganz einfach. Wenn eine Giraffe trinken will, muss sie eine höchst sonderbare Haltung einnehmen. Zum Glück trinkt sie nicht oft, nur alle paar Tage, denn ihre Blätternahrung enthält viel Wasser.

Ein steiler Zahn!
Und hübsch gedreht

Die meisten Wale ziehen weit umher, aber der Narwal bleibt immer im eiskalten Polarmeer. Brrr!

Sieht ein bisschen gefährlich aus, ist aber sehr sensibel.

Der Stoßzahn wächst durch die Oberlippe. Autsch!

Keine Zähne (außer dem Stoßzahn natürlich)

Narwal

~~Monodon monoceros~~

Einhornus mobydickus

Manchmal findet man Narwal-Zähne am Strand, und früher hielten die Menschen sie für die Hörner von Einhörnern. Aber das phänomenale Horn ist ein riesiger Zahn! Die meisten Narwal-Männchen haben einen bis zu drei Meter langen Stoßzahn, und manche Männchen haben sogar zwei. Nur sehr selten hat ein Weibchen einen Stoßzahn. Im langen Zahn befinden sich Millionen Nervenenden, sodass er sehr empfindlich ist. Man weiß noch nicht, wie der Wal den Mega-Zahn gebraucht, aber wahrscheinlich spielt er eine Rolle beim Aufspüren von Nahrung. Und sicher macht er auch mächtig Eindruck auf die Walkühe.

Narwale haben keine Rückenflosse. Sie durchbrechen das Meereis mit ihrem ganzen starken Körper, wenn sie an der Oberfläche Luft atmen müssen. Sie tauchen bis in 1 500 Meter Tiefe hinab, um Fische, Tintenfische und Garnelen zu fangen, und können ihren Atem dabei bis zu 25 Minuten lang anhalten. Weil sie keine Zähne im Maul haben, saugen sie wie ein gewaltiger Staubsauger ahnungslose Meerestiere ein.

Chinchilla

~~Chinchillidae~~

Hüpfkobold
flaumicus

Überhitzt schnell,
wenn es im Zimmer
zu warm ist. Dann fällt
es mausetot um.

Badet gern im Sand.
Lass ihm den Spaß!
Sag ihm nicht, dass das
für die Sauberkeit
nicht viel bringt.

Die Zähne
wachsen ständig
weiter.

Hört supergut und
ist sehr schreckhaft.
Achtung, dann verspritzt
es Pipi!

Wo bei anderen Tieren
nur ein Haar aus der
Haut wächst, sind es
bei ihm bis zu 75!

Sieht aus
wie ein pummeliges
Eichhörnchen in
einer mollig warmen
Pelzjacke.

Diese knuffigen Nagetiere leben im Gebirge, wo die Luft dünn ist und es sehr kalt werden kann (bis –5 °C). Im Lauf der Evolution hat sich ihr feines, dichtes Fell entwickelt, das sie dort oben warm hält. Die geselligen Tierchen sind beliebte Haustiere. Oft werden sie aber in Gegenden gehalten, in denen es viel wärmer ist als in ihrer Heimat. Wenn ein Chinchilla überhitzt, kann es sogar sterben. Man muss deshalb gut auf die Temperatur achten, wenn man die kleinen Hüpfer hält.

Taubenschwänzchen

~~Macroglossum stellatarum~~

Schmetterling incognito

Dieser fabelhafte kleine Nachtfalter kann mehr als 70-mal pro Sekunde mit seinen kräftigen Flügelchen schlagen. Während er mit seinem Saugrüssel Nektar trinkt, steht er in der Luft vor der Blüte still. Dann sieht er aus wie ein winziger Kolibri, und seine Flügel machen ein summendes Geräusch, genau wie Kolibriflügel! Taubenschwänzchen haben sich tatsächlich sehr ähnlich entwickelt wie die kleinen Vögel. Sie sehen ähnlich aus, haben eine ähnliche Lebensweise und verhalten sich ähnlich. So etwas kommt in der Natur nicht selten vor.

Zooplankton

~~Viele verschiedene Gruppen~~

Soup à la confetti

Lässt sich einfach mal treiben.

Lebt im Meer, obwohl sie Nichtschwimmerin ist.

Das Zooplankton ist klitzeklein, aber viele der Lebewesen kann man mit dem bloßen Auge gerade noch erkennen. Unter ihnen sind winzige Larven von Quallen, Schnecken und Krebsen, Eier von Fischen und noch vielerlei anderes Getier.

Nahe der Meeresoberfläche, wo viel Licht das Wasser durchdringt, treiben unzählige Planktonlebewesen. Die winzigen Algen nennt man Phytoplankton, während Zooplankton aus kleinen Tierchen besteht.

Den hier hat ein Delfin ausgeniest.

Ist das etwa eine Meerkatze?

Die winzigen Schweber und Zapplerinnen sind überall im Meerwasser. Ohne sie gäbe es viel weniger Fische, und die Meere wären nicht das, was sie sind.

Die Tierchen fressen sich gegenseitig auf, und sie verspeisen auch die winzigen Algen. Das Plankton bildet die Basis der Nahrungsnetze im Meer. Alle Lebewesen, zum Beispiel Wale und Walrosse, Haie und alle anderen Fische, brauchen das Plankton.

Dumbo-Oktopus

~~Grimpoteuthis~~

Octopus knuddlicus

Die Mitglieder dieser niedlichen Oktopusfamilie erkennt man gleich, weil ihre Flossen aussehen wie abstehende Ohren. Sie sind an den Seiten des kopfartigen Mantels festgewachsen. Wie Dumbo, der fliegende Elefant aus dem Disneyfilm, schlägt der Dumbo-Oktopus mit seinen Ohren, um von A nach B zu kommen.

Hat zusätzliche Flossen (obwohl er schon acht Arme hat).

Blaues Blut (Bestimmt ein Mitglied eines berühmten unterseeischen Königshauses)

Verschlingt die Nahrung am Stück! Schlecht erzogen. Würde sicher auch seine acht Ellenbogen auf dem Tisch abstützen (wenn er welche hätte).

Ist trotz seiner großen Glubschaugen kurzsichtig.

Verspritzt keine Tinte, obwohl er zu den Tintenfischen gehört.

Man nennt seine Familie auch „Regenschirm-Oktopusse". An Land taugen sie als Schirme aber nicht viel.

Neun Gehirne

Drei Herzen

Um schneller voranzukommen, schlagen diese lustigen Oktopusse mit allen ihren schirmartigen Armen gleichzeitig. Aber sie sind nur selten auf der Flucht, denn dort, wo sie leben – ungefähr vier Kilometer unter der Meeresoberfläche – sind kaum hungrige Feinde unterwegs.

Elefantenspitzmaus

~~Macroscelididae~~

Rüssla müffelpopo

Afrikanische Elefantenspitzmäuse sind kaum 15 Zentimeter lang, aber sie können fast einen Meter hoch in die Luft springen! So entkommen sie ihren Feinden wie lauernden Schlangen und nimmersatten Echsen. Eine Elefantenspitzmaus-Ehe hält ein Leben lang. Meistens sind diese scheuen Säugetierchen aber allein unterwegs und erschnüffeln mit ihren rüsselartigen Schnauzen delikate Ameisen, Maden und Termiten.

Stechmücke

~~Culicidae~~

Vampirus miniatus nervicus

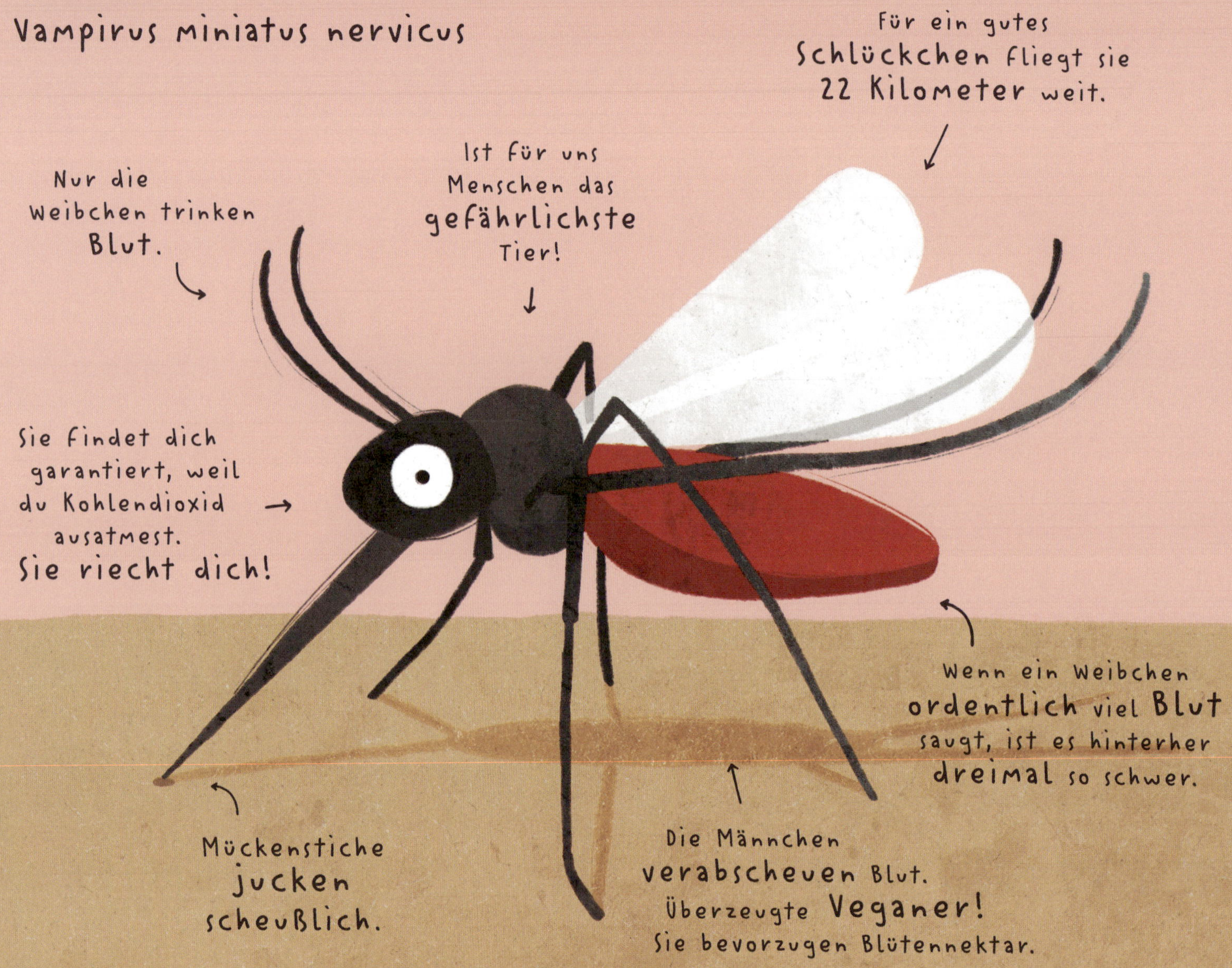

Das gefährlichste Tier der Erde ist keine Raubkatze, keine Giftschlange, auch nicht T. Rex oder ein schlecht gelauntes Flusspferd ... Es ist die Stechmücke! Sie überträgt verschiedene Krankheitserreger, die Malaria, Dengue-Fieber und noch andere tödliche Erkrankungen verursachen können. Keine andere Tierart bringt jedes Jahr so viele Menschen um. Mücken rauben uns oft den letzten Nerv und können sehr gefährlich sein, aber nur wenige Arten trinken Blut und noch weniger das Blut von Menschen. Viele stechen nur Vögel, Frösche oder andere Tiere. Die ungefähr 3 000 Steckmückenarten sind für viele größere Insekten, Säugetiere, Reptilien und Vögel eine wichtige Nahrung.

Erdferkel

~~Orycteropus afer~~

Buddelschweini bangii

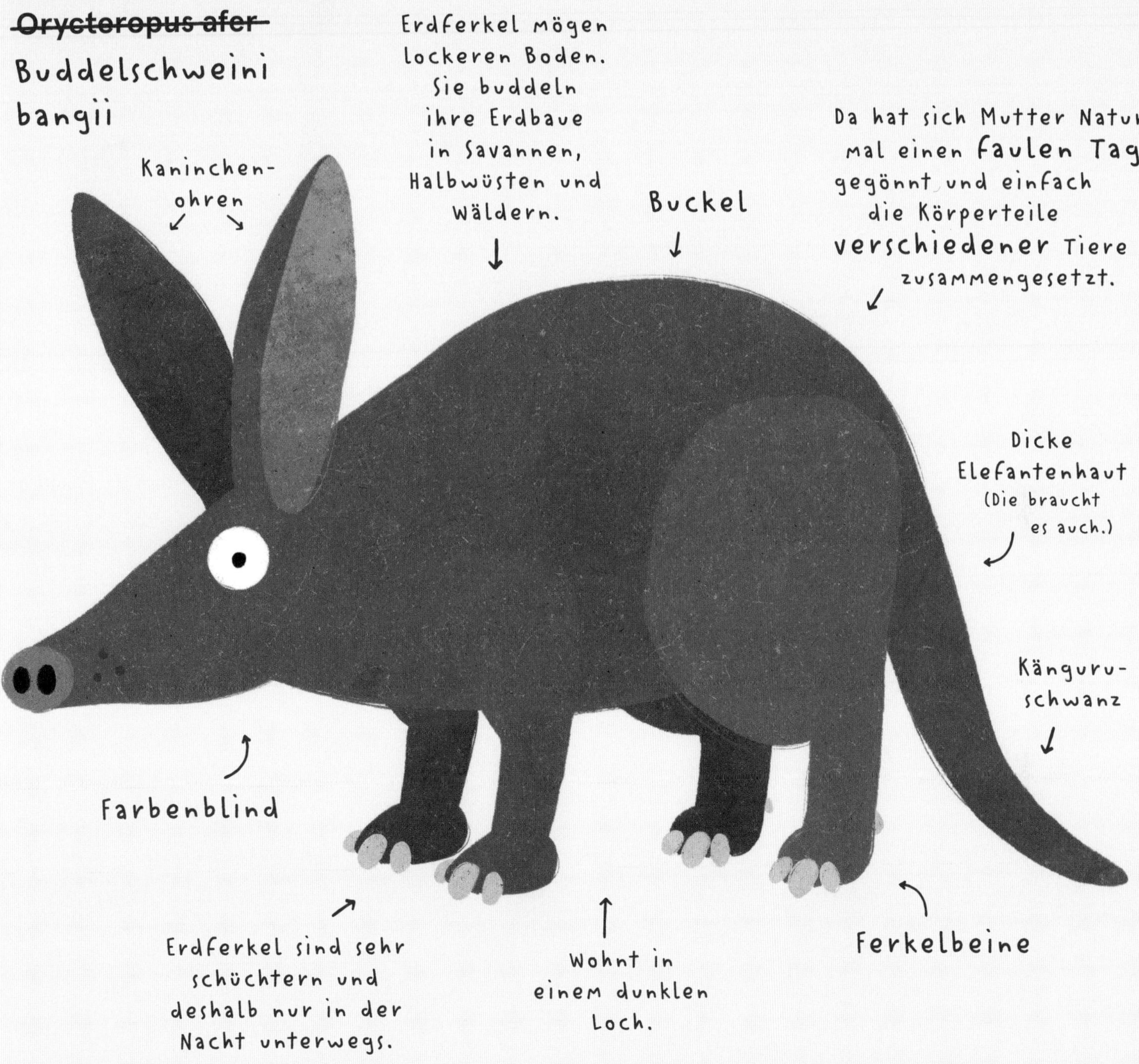

Diese afrikanischen Säugetiere essen fast ausschließlich Insekten. Unmengen Insekten! Mit ihren starken Krallen graben sie Termitennester auf, um in einer einzigen Nacht bis zu 50 000 Termiten zu verspeisen. Weil die Termiten das natürlich ausgesprochen unverschämt finden, wehren sie sich.
Aber ein Erdferkel ist gut gewappnet. Seine Haut ist so dick, dass es die Bisse der wütenden Termiten nicht spürt. Und es kann seine Nasenlöcher verschließen, damit ihm kein ärgerliches Insekt hineinkrabbelt.

Weinbergschnecke

~~Cornu aspersum~~ Spiralidomus schleimus

Die Familie der Schnecken ist sehr erfolgreich und es gibt ungefähr 40 000 verschiedene Arten. Die leisetreterischen Weichtiere leben seit unvorstellbaren 500 Millionen Jahren auf der Erde und haben sich seither an fast alle Lebensräume angepasst, von der Tiefsee bis in die ödesten Sandwüsten. Manche sind nur so groß wie ein Stecknadelkopf und andere können dehnbare 39 Zentimeter lang werden. Schnecken sind für die Ökosysteme sehr wichtig, denn sie zerkleinern Pflanzenreste und setzen wichtige Nährstoffe wieder frei.

Pfeilgiftfrosch

~~Phyllobates terribilis~~ Quak mirdasliedvomtod

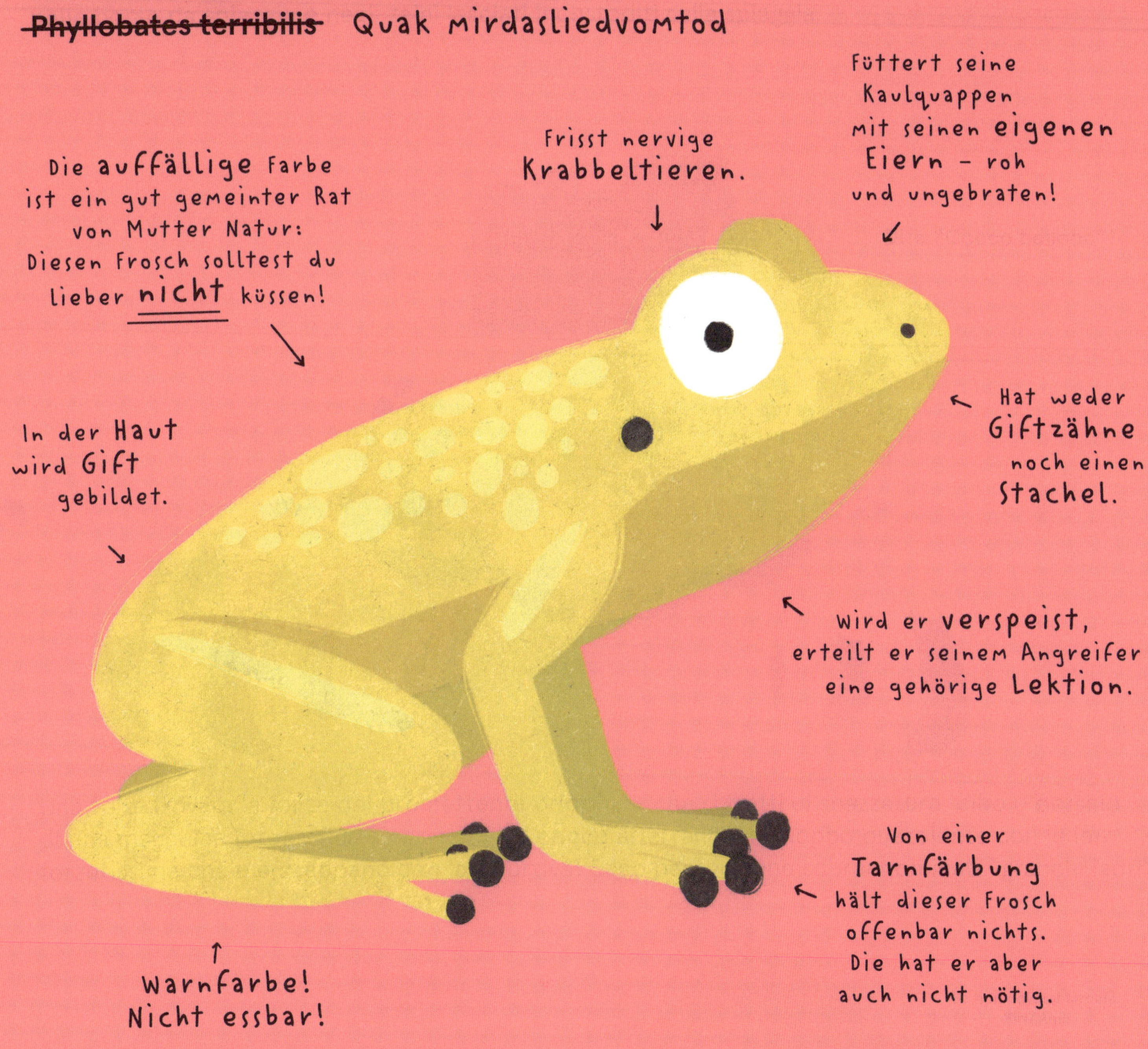

Wie der Name schon sagt, ist dieser kleine Frosch giftig. Er gehört sogar zu den allergiftigsten Tieren der Erde! Obwohl so ein Fröschchen nur etwa so groß wie eine Büroklammer wird, kann sein Gift zehn erwachsene Menschen töten. Es hat deshalb nur einen einzigen Feind: eine kleine Natter, deren Bauch ebenfalls gelb ist. In den südamerikanischen Regenwäldern gibt es mehr als 200 Pfeilgift-frosch-Arten. Dort haben sich die furchterregenden Amphibien vor ungefähr 45 Millionen Jahren entwickelt, und dort leben sie noch heute, weil die meisten Tiere so schlau sind, sie in Ruhe zu lassen.

Kiwi

~~Abteryx mantelli~~

Wühlschnabelus flugunfähigi

Diese Vögel können nicht fliegen und leben nur in Neuseeland. Weil sich die Neuseeländerinnen und Neuseeländer so sehr mit ihnen identifizieren, nennen sie sich selbst ebenfalls Kiwis. Mit ihrem fellartigen Federkleid und den Schnurrhaaren sehen die Kiwis aber auch putzig aus (die Vögel natürlich, nicht die Neuseeländer). Bei ihnen sitzen die Nasenlöcher ungewöhnlicherweise am Ende des Schnabels. Wenn sie im Boden nach Essbarem stochern, kommt ihr fabelhafter Geruchssinn zum Einsatz. Die sympathischen Vögel sind sehr schüchtern und deshalb nur in der Nacht unterwegs. Und noch etwas: Kiwi-Pärchen bleiben sich ein Leben lang treu!

Axolotl

~~Ambystoma mexicanum~~

Amphibia immerkind

Diese erstaunlichen Amphibien, die in freier Natur nur in zwei Seen in Mexiko vorkommen, atmen im Wasser mit ihren auffällig abstehenden Kiemen. Axolotl werden niemals erwachsen! Sie gehen nicht an Land, wie es andere Molche im Lauf ihres Lebens tun. Das Verblüffendste an einem Axolotl ist, dass seine Körperteile wieder nachwachsen, wenn sie ihm abhandengekommen sind (zum Beispiel weil sich ein Feind ein Stück geschnappt hat). Ein Bein, der Schwanz, die Augen oder sogar das Gehirn – der fehlende Teil wächst einfach wieder!

Schlusswort

Die fabelhaften Tiere, die du in diesem Buch kennengelernt hast, gibt es einfach (genau wie dich und mich). Sie müssen uns gar nichts beweisen. Sie leben gemeinsam mit uns auf dieser wunderbaren Erde und erinnern uns daran, dass jede und jeder von uns einzigartig ist, egal ob Mensch oder Tier. Für alle gibt es einen Platz. Wir sind aus demselben Holz geschnitzt und bilden zusammen ein großes Ganzes.

Ja, genau: Du und ich, das Schnabeltier, der Planktonkrebs und der Kugelfisch – wir alle sitzen wir auf den vielen, vielen Ästen eines verzweigten Stammbaums. Wie alle müssen die anderen Menschen und Tiere auf der Erde respektieren. Und das bedeutet meistens, dass man sie in Ruhe ihr Leben leben lässt. Auch den Gürtelmull? Aber er ist so süüü ... *Besonders* den Gürtelmull.

Register

Kackt Sand. Autsch!